ŒUVRE

DES

CERCLES CATHOLIQUES D'OUVRIERS

CENTENAIRE DE 1789

L'INSTRUCTION PUBLIQUE

1789-1889

PARIS

BUREAUX DE L'ASSOCIATION CATHOLIQUE

262, BOULEVARD SAINT-GERMAIN, 262

1888

ŒUVRE DES CERCLES CATHOLIQUES D'OUVRIERS

Extrait de l'ASSOCIATION CATHOLIQUE, mai 1889

CENTENAIRE DE 1789

L'INSTRUCTION PUBLIQUE

1789-1889

L'instruction publique n'est pas une institution datant d'hier, ni même de la Révolution de 1789. Elle répond à un besoin de l'humanité, et l'on peut être assuré *à priori* que l'activité de l'homme et la prévoyance de l'Eglise n'ont pas manqué de pourvoir depuis longtemps à cette tendance impérieuse, à cette satisfaction légitime du cœur humain.

L'Instruction publique en France est de fondation ecclésiastique. C'est l'Eglise catholique et non la Révolution qui a créé l'enseignement en France, comme c'est l'Eglise, les clercs et les moines qui ont sauvé les lettres et leurs monuments, tant par leur instruction personnelle dans un temps où ils étaient seuls à savoir, que par leur amour des chefs-d'œuvre de la littérature qu'ils furent les seuls à conserver. L'Eglise, par ses tendances innées à enseigner toutes les nations de toute manière, par ce zèle des œuvres d'art qu'elle a su inspirer à ses disciples, comme une conséquence de ses doctrines sacrées, a bien mérité du monde entier, à qui elle procure, avant tout, le salut, mais ne néglige jamais de donner la culture intellectuelle. La France est particulièrement redevable à l'Eglise. C'est elle qui, tout d'abord, après la révolution des premiers siècles, recueille les éléments de l'esprit nouveau, et se met à la tête du mouvement où l'activité de nos pères se montrait lente et peu soucieuse du progrès. Mais tout en prenant cette initiative, l'Eglise, respectueuse des droits sacrés de la famille, ne songea jamais à réclamer un monopole qui pût avoir pour effet d'y porter atteinte ou d'enlever à la famille une liberté qui est le droit inaliénable de la paternité. Son monopole ne s'exerça jamais que sur l'enseignement religieux et dogmatique, dont elle a la garde et la mission.

L'instruction, l'Eglise la craint si peu, qu'elle la jette hardiment dans les âmes, alors que tout le monde s'en désintéresse. Mais l'instruction ne doit être qu'un moyen, et avoir pour but, en développant et en ornant l'esprit et le cœur, de les former aux principes chrétiens, et, comme le dit le catéchisme, « par ce moyen » leur « obtenir la vie éternelle. » Elle dit nettement, cette grande ouvrière de toutes les œuvres saines, elle qui ne repousse aucune énergie des facultés humaines, « qu'une seule chose est nécessaire, le salut », et affirme qu'avant tout et par-dessus tout, l'homme a été créé et mis au monde pour « connaître Dieu, l'aimer et le servir. » Elle ne permet pas qu'on sépare l'instruction de l'éducation chrétienne, et qu'on cesse de subordonner la première à la seconde. Elle a pour promouvoir l'instruction toutes les générosités, mais elle a eu de tout temps, pour repousser la laïcisation de l'instruction, les résistances indomptables d'une mère dont on veut corrompre les enfants. C'est là qu'il faut remonter si l'on veut saisir le moment où la discorde a commencé à naître entre l'Eglise et la Révolution ; c'est ce débat qu'il faut comprendre, si l'on veut expliquer les combats qu'elles se livrent, et les reproches qu'elles s'adressent depuis si longtemps, dialogues véhéments où la vraie mère le dispute à la marâtre, où l'épouse du Christ proteste contre la synagogue de Satan.

L'Eglise est maîtresse au Moyen Age de l'instruction naissante, elle y fait une large place à la théologie. Les Universités de cette époque deviennent si florissantes, qu'un universitaire, comme M. Cousin, a dû les admirer profondément. La création, l'organisation en appartient à l'Eglise : le Droit canon s'est occupé d'elles et les a constituées, réglementées. S'il y a monopole, c'est à l'Eglise qu'il doit appartenir.

Mais bientôt l'Etat proclame ses droits sur l'instruction. Nous ne prétendons pas qu'il n'ait nullement à y intervenir, s'il est chrétien. Le premier roi qui la revendique est Philippe le Bel dans une ordonnance de 1312, et ce seul nom dit bien dans quel esprit durent être affirmées les prétentions qu'on apportait. La Renaissance amenait avec des richesses nouvelles bien des idées fausses ; la Réforme exploita l'ingratitude des peuples à l'égard de l'Eglise, leur première institutrice. On vit des maîtres qui ne furent plus catholiques, en attendant qu'on en vit qui ne furent plus même chrétiens. Pourtant, on sait que la France sut résister pour une bonne part à cette tentative de débauche des esprits. L'Etat se montra, sans doute, jaloux d'assurer ses prétentions sur l'instruction, et le gallicanisme ne fut pas la moindre erreur de l'enseignement français. Mais enfin l'enseignement restait chrétien ; souvent les maîtres étaient prêtres ou religieux ; l'Etat pouvait avoir des exigences, mais le divorce n'était pas fait entre lui et l'enseignement catholique. Nous en étions là en 1789, et la Révolution nous fait regretter ce temps. Dire qu'elle a fait banqueroute sur ce point, serait trop dire : elle ne nous a jamais rien promis que d'être impie ou indifférente, et elle a tenu largement sa promesse. D'ailleurs, l'esprit de mauvaise philosophie qui est l'esprit même de la Révolution, legs funeste de la Réforme à la libre pensée, se répandait dans les hautes classes en même temps que les mauvaises mœurs. Les sottes utopies, les engouements exagérés du sentimentalisme mis à la mode par Rousseau, corrompaient les esprits. Satan faisait le mal d'une manière inédite, et devait s'applaudir de la façon neuve dont s'accusait son plan infernal. Mais enfin, au point de vue dogmatique et moral, l'enseignement officiel se donnait sous le contrôle de l'Evêque ou de son délégué, Chancelier de chaque Université. La France continuait de compter vingt-deux universités qui n'étaient pas encore étreintes par cette unité de fer, si chère à tant de contemporains, qu'on appela depuis le monopole universitaire. Les lois et décrets organiques rendus par l'empereur en 1806, 1808 et 1812, en ressuscitant, en exagérant, en fortifiant les anciennes prétentions de l'Etat au sujet de l'instruction, créa cette machine puissante qui devait centraliser l'impiété ou l'indifférence religieuse et la répandre, enveloppée dans l'instruction comme un venin caché, sur toute la France moderne. Non seulement les établissements existants furent détruits, mais le principe même de l'instruction fut changé. On peut bien dire que c'est là un des méfaits, et le plus grand, commis par la Révolution. Les cahiers ne lui demandaient pas cette destruction ni cette organisation despotique de la pensée, et elle dut se contredire elle-même en l'instituant. N'avait-elle pas eu un bon mouvement quand elle inscrivait dans l'article 229 de la Constitution de l'an III « que tous les citoyens auraient le droit de former des éta- « blissements particuliers d'éducation et d'instruction ? » Mais la Révolution a été intolérante dès le commencement. Il lui coûte de faire à l'Eglise même les conditions insuffisantes que peut faire le libéralisme. Elle retira bientôt d'une main, le 1er mai 1802, ce qu'elle avait accordé de l'autre.

Nous savons d'autre part que les sciences ont fait de réels progrès dont les résultats se sont répandus dans l'enseignement contemporain. Pourquoi les inscrire au bénéfice de la Révolution? Si la Convention a rendu des décrets utiles, elle a fait périr des savants et des poètes. Le mouvement qui s'est produit se serait produit sans elle. Les siècles, a dit Pascal, doivent se considérer comme les fils de ceux qui les précèdent. Il est certain que la science a progressé, au moins dans ses applications; le niveau des études littéraires a monté, mais non l'élévation et l'anoblissement des intelligences. La Révolution n'a eu qu'un souci : absorber tout cela à son profit, pour corrompre les plus belles natures, en faire des ennemis de l'Eglise, et des êtres plus nuisibles qu'utiles à la société.

I

Voilà ce qu'on pourrait reprocher à la Révolution en lui disant : « Qu'as-tu fait des vingt-deux universités que je t'avais léguées et où l'esprit chrétien se maintenait encore? » Il est possible, comme le prétend M. Liard, qu'on étudiât moins en France à cette époque dans les universités, et que cinq mille élèves, étudiant les arts dans les seize collèges des Quatre Nations à Paris, fussent un chiffre médiocre; on ne saurait prétendre qu'un enseignement littéraire qui comptait, par exemple à Paris, au collège Royal, dix-sept lecteurs tant d'hébreu que de syriaque, d'arabe, de turc, de persan, de grec et philosophie grecque, d'éloquence et poésie latines, de littérature française — fût insuffisant; que penser d'un enseignement scientifique qui se distribue à Paris dans dix chaires de géométrie, d'astronomie, de mécanique, de physique expérimentale, d'histoire naturelle, de chimie, d'anatomie, de médecine pratique, de droit canon, de droit naturel et des gens, et qui se voit complété par un certain nombre d'écoles spéciales? — N'est-il pas juste de l'estimer très haut? Il ne faut pas se livrer à des statistiques trop minutieuses sur le nombre des professeurs, sur le prix de la collation des grades, et le chiffre du traitement des professeurs, ou sur le plus ou moins de splendeur de tel établissement en particulier, et faire la comparaison de ces résultats avec ce que nous révèle aujourd'hui l'Annuaire de l'instruction publique. Ce serait ravaler le débat. Ce qui est certain, c'est qu'il n'est aucun point de l'instruction supérieure qui n'ait eu sa place dans l'enseignement. Les professeurs étaient aussi bien rétri-

buéa que de nos jours. Mettons que les installations n'étaient
pas merveilleuses, et qu'on aurait dû doter plus richement tel
collège pour y rendre le progrès de la science plus facile.
L'argent était plus rare qu'aujourd'hui. On était loin de cer-
taines folies scolaires qui nous éblouissent, mais nous frap-
pent, quand nous y réfléchissons, par leur stérilité. Avouons
qu'il y avait des lacunes, des lenteurs. Mais croit-on que tout
soit la perfection aujourd'hui que nous avons de gros chiffres
au budget de l'instruction publique, et des programmes déme-
surés dont chacun emporte ce qu'il peut? Faut-il louer cette
unité qui, en dehors de la foi, ne peut être qu'un esclavage,
et qui nous fait regretter les anciennes corporations universitaires, chacune chez elle, maîtresses de leurs ressources,
de leur méthodes et de leurs idées?

On reproche à l'éducation littéraire de ce temps, si forte et
si nourrie des anciens, son vague et sa généralité banale.
Est-on bien sûr que ces études littéraires ne fussent pas
plus fortes que celles d'aujourd'hui? Si l'on reproche aux
universités d'autrefois des misères et des faiblesses, croit-
on qu'il n'y ait pas aujourd'hui bien des lacunes et que tel
cours de l'université soit fait d'une façon bien conscien-
cieuse, bien intéressante ou bien solide? Dans tous les cas,
parmi les progrès réels que nous avons accomplis, il ne faut
pas compter l'envahissement du matérialisme dans tous les
domaines de l'enseignement, qui en est rabaissé et n'en
reçoit pas la force promise. On prétend avoir eu peu de
ressources pour travailler, et les bibliothèques étaient peu
nombreuses. Est-ce bien vrai? M. Villemain, dans un rapport,
compte quarante bibliothèques sérieuses, et nous devons bien
nous dire que les volumes que nous possédons aujourd'hui
n'ont pas été fabriqués par la Révolution, et qu'ils existaient
quelque part.

Cependant il y avait des abus dans l'enseignement et dans
la collation des grades — les cahiers nous le font savoir. Mais
n'y eut-il pas dans la seconde moitié du XVIII° siècle des
essais sérieux de réforme : l'affectation, par exemple, à l'Université de Paris de vastes terrains occupés par des écoles
rivales, la réunion à Louis-le-Grand de 27 petits collèges,
l'établissement d'un chef-lieu d'université dans cette maison?
Enfin les mérites des grands maîtres actuels de l'Université
dépassent-ils donc le savoir du recteur Rollin ou le zèle du
recteur Pourchot? Qu'a donc créé de si nouveau l'Université?
Elle prétend avoir imaginé les examens; mais ils existaient

jadis et sous une forme bien plus rationnelle qu'aujourd'hui, même l'examen auquel elle attribue tant d'importance : l'agrégation. Le concours général des collèges de Paris a été fondé en 1746, et il reste une des institutions les plus chères à l'Université moderne. Croit-on qu'aujourd'hui il ne s'envole de notre enseignement que des aigles, et que les médiocrités ne soient pas encore le *vulgum pecus*, en littérature comme en médecine ? Les bacheliers ignorants ne manquent pas, ni les docteurs peu sérieux. A chaque siècle suffit son mal. Le siècle actuel assurément n'a pas le droit de le prendre de si haut avec le précédent.

Les universités de province avaient leur vie active, aussi bien que celles d'aujourd'hui qui ne regorgent pas d'élèves. Beaucoup avaient les quatre Facultés de théologie, de droit, de médecine, et des arts ; d'autres, comme Orléans et Dijon, n'avaient qu'une école de droit ; d'autres, comme Besançon, depuis qu'elle avait pris la succession de l'Université de Dôle, avaient perdu la Faculté des arts. D'ailleurs, sortons des détails pour nous reporter à des faits plus généraux. Outre ce témoignage de la statistique, n'avons-nous pas celui du mouvement du xviii⁰ siècle ? Après le xviie, quel siècle fut plus éclairé, si éclairé qu'il en abusa ? La réforme qu'on devait espérer de ce siècle si bien instruit, c'était celle qui ramènerait par l'enseignement l'esprit public à son ancienne orthodoxie. Les fils de cette instruction supérieure aimèrent mieux se rattacher aux anciens maitres d'erreurs que la Réforme avait produits ; ils créèrent le mouvement révolutionnaire. Ils ne purent se plaindre du moins que leur intelligence eût été mal exercée, eux qui abusèrent si terriblement de cette arme redoutable. Les classes dirigeantes n'étaient que trop instruites, étant donné l'usage qu'elles ont fait de leur talent. M. Duruy, dans un article de la *Revue des Deux-Mondes* du 16 avril 1881, tire de l'état de la société d'alors cet argument : « Oui ou non, le « xviie et le xviiie siècle ont-ils été nos plus grands siècles lit-« téraires ? Oui ou non, ces deux siècles ont-ils vu s'épanouir « dans tous les genres, philosophie, histoire, éloquence, poésie, « les plus fortes et les plus nombreuses générations qui aient « jamais été ? Si oui, d'où sortaient donc ces écrivains? A « quelles écoles s'était formé leur esprit ?... » Et il ajoute ensuite un jugement dont voici à peu près les termes : « Le bon « Rollin, c'est l'enseignement de cette époque photographié. »

Mais ce qui fait que l'on méprise l'ancien enseignement, c'est la manie de croire que le nouveau n'a de valeur que par

son matérialisme scientifique, à ce point que la fleur même de
la littérature semble pour beaucoup de professeurs de notre
temps se perdre dans l'érudition.

M. Albert Duruy conclut : « En considérant le *Traité* de Rollin,
« on ne se défend pas d'un sentiment pénible, en songeant à
« l'âpreté des griefs auxquels ont succombé les collèges et les
« universités, ou qui pèsent encore sur leur mémoire. »

II

Se plaindrait-on de la faiblesse de l'enseignement secondaire avant 1789 ? On aurait bien mauvaise grâce, en présence
de ces nombreux collèges qui peuplaient la province et Paris,
où les écoles regorgeaient d'élèves, en face de ce tiers-état
qui, comme le constate M. Taine, et comme le prouve l'ac-
tion politique de ses membres, avait reçu une instruction
excellente.

« On n'a jamais contesté, dit M. Albert Duruy, qu'il y eût de
« florissants collèges et de fameuses universités avant la Révo-
« lution. On s'est contenté, sur le témoignage singulièrement
« intéressé des parlementaires et des encyclopédistes, de
« condamner comme rétrograde l'enseignement qui se don-
« nait dans ces collèges et dans ces universités. Quant aux
« petites écoles avant 1789, on en niait l'existence : c'était
« devenu un axiome et un dogme... » Nous ajouterons :... un
préjugé, pour ne pas dire un mensonge, cher à la Révolution,
et que nous voulons précisément dissiper ici.

Voici la vérité sur l'enseignement secondaire. M. Louis
Liard ne peut pas s'empêcher d'avouer que l'enseignement
des arts n'était pas en trop mauvais état.

Pour 25 millions d'habitants, il y avait 562 collèges où se
trouvaient 72.747 élèves, dont 8.419 recevaient l'enseignement
plus ou moins gratuitement. A une époque assez avancée de
ce siècle, pour 38 millions d'habitants, nous avions 81 lycées,
300 collèges ; et, dans ces lycées, 40.995 élèves ; et, dans ces
collèges, 38.236 élèves. Sur ce total de 79.231 élèves, 4.649
étaient boursiers. En quatre-vingt-dix ans, la population a aug-
menté du tiers ; l'enseignement secondaire public n'a gagné que
6.484 élèves, et a perdu 3.500 boursiers et 200 établissements.

Ajoutez que, lors de l'expulsion des Jésuites, en 1762,
120 collèges (M. Duruy dit 200), tenus par ces religieux,
existaient ; quelques-uns furent fermés, les autres subsis-
tèrent mais furent atteints dans leur prospérité.

L'éducation des filles n'était pas plus négligée, et de nombreuses communautés religieuses, dont l'énumération serait longue, et à qui les vœux des cahiers témoignaient toute leur sympathie, y pourvoyaient à cette époque.

M. Albert Duruy remarque, après avoir rappelé cette statistique, que « l'enseignement était, sous l'ancien régime et sans « qu'il en coûtât presque rien au trésor, dans un état de pros- « périté où il n'est parvenu de nos jours qu'au prix de grands « efforts et de longs sacrifices... »

C'est pour cela que la sottise des législateurs et la méchanceté de la Révolution voulurent tout supprimer et tout refaire.

Continuons la citation : « Il y avait plus...; ces collèges « avaient le mérite de n'être pas concentrés comme aujourd'hui « dans quelques grandes villes ; ils étaient également répartis « sur toute la surface du territoire. C'est ainsi que des loca- « lités, d'une importance très secondaire, possédaient souvent « des établissements considérables. » On peut citer la Flèche, Sorèze, le Mans, Dieppe.

Il est intéressant d'étudier comment chaque collège avait sa vie individuelle, son histoire, qu'on a pu restituer avec le plus vif intérêt dans des monographies ou des thèses de doctorat. Il vivait des ressources du pays où il fonctionnait, aussi il faut voir comme il intéressait les populations et tenait à cœur à tous. Combien de collèges ne vivent aujourd'hui que de la vie des moribonds, et n'ont plus aucun cachet personnel ! Il faut lire par exemple le récit naïf et délicieux de la pose de la première pierre qui eut lieu le 15 mai 1750 au collège de Brioude. M. l'intendant y envoya son délégué, les habitants prirent leurs vêtements de fête ; ce fut une fête chômée. Qu'on fasse maintenant le compte rendu de la fondation de quelque collège universitaire au xix⁰ siècle, on sera loin de la vigueur de ce portrait.

Grâce à Dieu, l'enseignement ne manquait pas de professeurs prêtres. Depuis deux siècles, les Jésuites avaient acquis cette haute réputation qu'ils ont si bien conservée ; ils remplissaient les collèges de leur enseignement. Voltaire dut aux Jésuites tout ce qui n'était pas pervers en lui, et Descartes, dont la méthode révolutionnaire condamnée par ses maîtres nous a été funeste, leur a dû autant qu'à la nature la force de son esprit. Depuis 1762, nous voyons les Jésuites remplacés par les Oratoriens, les Barnabites, les Joséphites, et nous voyons les villes traiter de gré à gré avec eux pour les établir dans leurs collèges. Alors il n'y avait pas deux enseignements exclusifs

l'un de l'autre, il n'y avait pas de collège d'Etat et d'enseignement d'Etat, et les congrégations pouvaient vivre et apporter
leur foi dans les collèges où les appelait la confiance des provinces. Aujourd'hui le prêtre est repoussé des maisons offi-
cielles, et vu la place qui lui est faite, il ne lui serait pas séant de
participer à l'enseignement. L'Eglise, chassée de l'enseignement officiel qu'on lui a rendu inhabitable, n'a cependant pas
oublié qu'elle est avant tout enseignante. Cette éternelle
« recommenceuse » a conservé ses foyers d'instruction, elle
les fortifie tous les jours, et reprend pied à pied sur le terrain
de la liberté les avantages que lui a ravis un monopole à
rebours. Augmenter l'instruction, mais la christianiser, c'est
sa devise. Elle fait tout son devoir vis-à-vis de la science qui,
étant un don de Dieu, n'encourt pas son mépris. Les accusa-
tions que ses adversaires lui font de ce chef ne portent plus
guère, et ils n'y croient plus eux-mêmes. Mais l'Eglise, qui
aime la science autant que peut l'aimer l'Université, l'aime
mieux que l'Université, et ne permet pas à l'instruction d'é-
touffer les esprits dans l'incroyance. Elle répare autant qu'elle
peut le mal fait par la Révolution.

III

Que de déclamations révolutionnaires, surtout à propos de
l'instruction primaire ! « Le peuple n'était pas instruit avant
« 1789 », crient les révolutionnaires ; ou plutôt ils le criaient.
Car ils ont été forcés de se rendre à l'évidence en présence
des travaux qui ont été faits. Aujourd'hui on se rend à l'érudition. Outre les travaux d'intérêt local menés à bien par de
patients érudits, nous avons des ouvrages d'intérêt général,
comme celui de M. Maggiolo, comme les ouvrages si précis et
si nourris de M. l'abbé Allain, comme l'ouvrage éminent de
M. l'abbé Sicard. Cette fois l'érudition tourne à notre profit.
Les Universitaires rendent hommage à M. l'abbé Allain, rendent compte de ses travaux dans leurs revues, l'admettent
dans leurs bibliothèques, et l'Académie le couronne. M. l'abbé
Sicard est lui-même lauréat de l'Académie, et les rédacteurs
peu suspects de la *Revue bleue* ou de la *Revue internationale
d'enseignement,* ne font pas difficulté d'avouer la valeur de
son livre.

C'est un jeu aujourd'hui de démontrer par des chiffres que
l'instruction primaire était dans un état très florissant avant 1789.
On a pour beaucoup de provinces (M. Delisle pour la Nor-

mandie) des travaux spéciaux et des renseignements précis. On peut se former d'ailleurs une opinion générale, par le nombre d'époux et d'épouses ayant signé leur contrat de mariage, sur la proportion de ceux qui savaient lire et écrire, et de ceux qui l'ignoraient. Peu de régions en France ont une moyenne très abaissée ; dans beaucoup de provinces l'instruction n'était ni plus ni moins complète que nous la constatons aujourd'hui ; en plusieurs pays l'instruction nécessaire est très florissante dans les masses. Beaucoup de provinces, pourquoi ne dirions-nous pas de diocèses, ont presque autant d'écoles que de communes, que de paroisses. Il faut songer que les paroisses étaient plus nombreuses, que le territoire était plus morcelé qu'aujourd'hui. On n'a pas de renseignements précis pour chacun de nos départements actuels ; mais pour un grand nombre les archives ont livré des trésors inépuisables et des témoignages irrécusables. Cela tient à l'organisation même des écoles et à leur soumission à l'autorité de l'Evêque. Le curé, le vicaire, ou un régent laïc était maître d'école. L'Evêque, à chacune de ses visites pastorales, parmi tant de soins de sa sollicitude, mettait la visite des écoles : de là nous avons pu connaître par des procès-verbaux, œuvre de cette surveillance active, le nombre et l'état de ces écoles. Il faut donc que les amis de la Révolution en rabattent. S'il est une cause qui ait excité leur enthousiasme à froid, c'est le zèle pour l'instruction du peuple ; ils ont abusé de cette rengaine, et ils ne tarissaient pas en reproches sur l'ignorance voulue où l'Eglise tentait de contenir la foule. S'il s'agit de savoir le catéchisme et d'ignorer les mauvais livres, les révolutionnaires ont raison, l'Eglise cherche ce savoir et procure cette ignorance. S'il s'agit d'une instruction légitime et honnête pouvant servir à de bons effets, tels que lecture, écriture et calcul, l'Eglise n'a pas attendu les revendications de la Révolution pour exercer son zèle avec moins de bruit, plus de désintéressement et au moins autant de succès. De même qu'elle avait ses corporations universitaires, ses congrégations enseignantes, l'esprit de Dieu suscita en elle l'ordre précieux des Frères des Ecoles chrétiennes. Son fondateur, que l'Eglise vient de canoniser, doit être salué par la raison comme un réformateur de la pédagogie. Cette institution providentielle n'avait pas attendu pour naître les souhaits de la Révolution, et suffirait à répondre à toutes les objections. Cet ensemble d'écoles communales, tel qu'il était organisé, nous garantit qu'à cette époque les enfants du peuple étaient chrétiennement élevés et solidement instruits, ou du moins, comme l'a dit quelqu'un, « si le peuple n'a pas été instruit, c'est qu'il ne l'a pas voulu, « les moyens ne lui ont pas manqué. »

Il pouvait y avoir des institutions véritablement en souffrance, et la réforme des impôts par exemple était réclamée impérieusement. La Révolution ne s'est pas montrée là plus qu'ailleurs au niveau de sa tâche, et on pourrait montrer que c'est là où elle aurait eu le plus à faire qu'elle s'est montrée plus impuissante. Pour l'instruction, la réforme eût été encore plus facile à faire, mais c'était une réforme qu'il fallait et non une révolution. Là où elle avait précisément le moins de travail à accomplir pour arriver à la perfection, la Révolution enfla sa voix davantage, multiplia les mensonges à son profit pour faire croire qu'elle avait eu tout à créer. Les modernes révolutionnaires ont reçu cette prétention mensongère comme un héritage auquel ils ont été fidèles, et on retrouve dans les proclamations et les programmes d'aujourd'hui toutes les anciennes déclamations. On payait autrefois les droits d'écolage ; chaque village pouvait être fier d'avoir son école à soi ; il y avait aussi des fondations nombreuses d'où résultait une gratuité presque complète. De nos jours on a montré le néant de la nouvelle gratuité dont nos contemporains ont fait tant de bruit.

On voit quelle figure font en présence l'un de l'autre ces deux enseignements d'avant et d'après 1789 ; nous avons voulu les opposer l'un à l'autre, et établir la comparaison entre ces deux états de l'instruction. Cette comparaison, nos établissements d'instruction d'avant la Révolution, dont on peut à la fois avouer les imperfections et affirmer la puissance, la soutiennent sans disproportion.

Mais si nous abordons, comme nous l'avons fait au début, la question de la laïcité de l'enseignement et des maîtres, nous devons dire que c'est là que se trouve le plus grand péché de la Révolution. Pour l'instruction, elle l'a rétablie tant bien que mal dans des conditions nouvelles, après une sotte destruction, avec des inconvénients très graves. La foi ici n'est pas en jeu.

Mais quand il s'est agi de déchristianiser l'enseignement, la Révolution a montré toute son infernale malice. Les anciens du clergé, dans les cahiers de 1789, la sentaient venir. Toutes les fois qu'il s'est agi du mal à faire à l'Eglise, la Révolution a tenu ses promesses de haine et au delà. Et elle se réjouit aujourd'hui d'avoir trouvé dans l'Université un instrument docile et dans la franc-maçonnerie un bras droit pour l'achèvement de ses desseins.

En présence de cette instruction populaire saine et suffisamment répandue, de cette instruction secondaire qui avait pénétré les classes moyennes et avait élevé leur esprit, de cette instruction supérieure suffisamment organisée, mais malheureusement déjà viciée par les empiètements du philosophisme mal contenu, encouragé en haut lieu — quelle a été l'attitude des cahiers, quels ont été leurs vœux? Il importe de le savoir pour comprendre ce qu'on demandait à la réforme sage qu'on attendait et juger ce qu'a apporté cette révolution violente dont on eut tant à se plaindre.

IV

Avant de demander aux cahiers leurs vœux, il serait bon de faire ses restrictions sur leur origine, leur sincérité ou leur degré de compétence. Certains cahiers, surtout ceux du clergé, sont rédigés en connaissance de cause. On y revendique le droit plein, entier de l'Eglise à enseigner les nations et à contrôler l'instruction. L'Eglise ne s'est fait faute ni d'activité ni de protestations pour défendre sa cause et celle du peuple. Mais beaucoup de cahiers ne sont pas aussi spontanés ni aussi consciencieusement étudiés. Il y a des mots d'ordre en sens contraire, des rédactions toutes faites proposées, une propagande en un mot tant pour la Révolution que contre elle. Cela infirme-t-il la valeur des cahiers? Non, cela leur enlève de l'intérêt, leur donne de la monotonie, mais ils n'en restent pas moins l'expression d'idées très arrêtées, conçues par les meneurs du mouvement et à peu près adoptées par la partie intelligente des masses; ils restent la marque d'un état de l'opinion. N'est-ce pas d'ailleurs ainsi que les choses se passent toujours, et les programmes n'ont-ils pas plus d'influence sur les électeurs qu'ils trompent et séduisent, que les électeurs sur les programmes?

Les cahiers sont en général vagues et peu précis. L'idée d'une réforme planait dans l'air. Sur le chapitre de l'instruction, la propagande révolutionnaire avait été moins active, les besoins étaient moins pressants. Aussi les cahiers, parlant de l'instruction, n'ont-ils pas ce ton décisif et passionné qu'ils prennent, en parlant par exemple de la réforme des impôts et du mode du gouvernement. On sent que l'instruction n'est pas en péril, que ce qu'on demande est de l'encourager, de l'améliorer, de corriger quelques abus, ici de promouvoir les études qui se ralentissent, là de créer une chaire, de déve-

lopper une branche d'enseignement. Le clergé, comme c'est
son devoir, a grand souci que les études mal faites ne cor-
rompent les bonnes mœurs. 367 cahiers sur 650 parlent de
l'instruction primaire ou populaire, 76 dont 30 cahiers ecclésiastiques demandent qu'on établisse des écoles dans toutes
les paroisses indistinctement. Nous ne voyons pas en quoi ce
dénombrement des vœux des cahiers prouve que l'instruction
primaire était en mauvais état avant 1789, et ce n'est pas sans
étonnement qu'on lit le raisonnement subtil de M. Gazier sur
ce sujet dans la *Revue critique* du 6 juin 1887. Il a bien l'air de
plaider *pro domo sua*. On sait par les chiffres que les écoles
primaires étaient nombreuses et bien surveillées ; le nombre
relativement restreint des vœux des cahiers démontre une fois
de plus que l'état était assez satisfaisant pour ne pas inquiéter
l'opinion publique. Mais les Etats savent apprécier le bien-
fait de l'instruction, et on ne peut les taxer d'indifférence. Le
vœu précis que nous venons de signaler (celui des 76 cahiers)
indique le terme des efforts à faire et la perfection des réformes
à accomplir. On veut des écoles dans toutes les paroisses, on
n'était déjà pas loin d'avoir obtenu ce résultat. Il y a donc là
un ensemble de vœux calmes, modérés, désignant ce que serait
l'idéal d'une situation déjà bonne.

Voici les doléances du clergé du Nivernais et Douziais :
Il se plaint que « l'incrédulité répand ses systèmes pernicieux
« avec publicité par l'enseignement dans des ouvrages, pro-
« ductions d'agrément, philosophie, histoire, érudition même…
« Le meilleur moyen de faire fleurir la religion est de la faire
« connaitre dès les premières années… L'état du plus grand
« nombre des collèges est affligeant… L'erreur ne se répand-
« elle pas jusque dans les campagnes ? Il faudrait confier la
« direction de l'enseignement au clergé, tant régulier que
« séculier, dépositaire des mœurs et zélé pour les connais-
« sances utiles. » Le clergé du Nivernais rappelle que les premières écoles furent près des églises et des monastères ; que
les derniers collèges ont été dotés par les Evêques. Il dit que
« les ecclésiastiques ont en général plus de sujets instruits,
« et que, comme ils s'adonnent moins aux soins temporels,
« ils sont soutenus dans les travaux les plus rebutants. » Il
ajoute que les communautés religieuses sont la seule ressource pour l'éducation des jeunes personnes de leur sexe.
On voit ici l'esprit du clergé en général, qui se plaint de l'influence des mauvaises doctrines sur l'instruction, et qui se
déclare prêt à se vouer à une réforme. On retient de ces

lignes que le clergé est zélé pour les connaissances utiles, et que les communautés religieuses sont l'unique ressource pour l'éducation des filles. C'est encore le langage de l'Église.

La noblesse du Nivernais et Douziais est moins explicite ; elle se contente de réclamer des bourses dans les collèges pour les enfants de son ordre. Pour le reste, elle est dans le vague ; elle parle de réformer l'instruction publique ; elle veut que « les hommes appelés à l'administration soient des « hommes plus instruits, et munis de lumières d'un genre « différent de celles que l'on acquiert aujourd'hui dans les « écoles publiques. »

Des vœux ne sont pas rédigés pour déclarer que tout est pour le mieux dans le meilleur des mondes possibles. Mais on voit que ces souhaits sont vagues, et tendent un peu au hasard vers la perfection.

Le tiers-état du Nivernais ne dit rien de l'instruction ; il ne trouvait pas, apparemment, que sa condition fût trop mauvaise.

Dans la sénéchaussée d'Auvergne, le tiers-état demande « qu'on veille à l'éducation de la jeunesse, pour former de « bons citoyens. » C'est là un vœu général. Il désire que « l'on s'occupe sérieusement de l'amélioration de l'éducation « publique. » Il devient plus précis quand il réclame la réforme des abus dans les collèges ; et il est enfin très précis quand il souhaite « l'établissement d'une chaire de mathématiques « dans les collèges royaux. » On reconnaît là l'esprit calculateur des habitants de l'Auvergne.

La noblesse d'Auvergne, où dominait sans doute la noblesse de robe, dans ses cahiers remis au comte de Montlausier, demande « qu'il soit établi une université de droit dans toutes « les villes où il y aura une cour souveraine, et que les places « soient données au concours. » Voilà un vœu très précis et très sage, et que l'Auvergne pourrait songer à rajeunir pour sa ville de Riom. La noblesse d'Auvergne ajoute « que les « communautés régulières qui seront conservées soient appli« quées à l'instruction publique religieuse, morale et litté« raire ; et qu'il y soit fondé des places gratuites pour la « noblesse pauvre. » Voilà qui est bien définir la véritable instruction, et qui est rendre justice aux communautés enseignantes. Le vœu qui termine est commun à beaucoup de cahiers de la noblesse ; enfin, les nobles d'Auvergne désirent d'une façon générale « qu'il soit avisé au meilleur régime « d'éducation nationale. »

Le clergé d'Auvergne s'élève contre la diffusion des mauvaises doctrines, réclame qu'on mette un frein à la presse et à la licence des livres. Il ne trouve pas non plus que dans les universités tout se passe sans abus, « que les grades ne « soient plus seulement le prix de l'argent, d'une simple appa- « rition ou d'une assiduité physique ; que les études y soient « sérieuses... » Le clergé d'Auvergne est presque ironique : puis, parlant surtout pour lui-même, il dit : « Qu'on ne puisse « plus obtenir de grades à l'effet d'obtenir des bénéfices, « spécialement à charge d'âmes, qu'après des épreuves théo- « logiques rigoureuses. » Le clergé demandait en termes précis l'établissement d'un petit séminaire. Clermont n'avait pas encore d'université. Il n'existait d'écoles primaires que dans le sixième des paroisses ; mais un grand nombre d'habi- tants savaient lire et écrire, grâce sans doute aux dévouements particuliers.

Orléans avait une université de droit. La province avait une moyenne de cinquante écoles sur cent six paroisses, sans compter les écoles tenues par des curés et des personnes dé- vouées. La noblesse d'Orléans demande « que les Etats généraux « s'occupent des moyens les plus propres à perfectionner « l'éducation nationale, et à la répandre dans les dernières « classes de la société. » — Ici, le vœu est précis — « les « instructions religieuses et morales, et les éléments des con- « naissances nécessaires au progrès de l'agriculture, de l'in- « dustrie et des arts. » Elle émet un vœu semblable à celui du clergé d'Auvergne, « que les études des universités, des « collèges et des autres maisons d'institution soient réfor- « mées sur un meilleur plan, et qu'on veille à ce que le· places « de professeurs ne soient remplies que par des personnes de « mérite et d'une capacité reconnue. » La noblesse d'Orléans ne veut pas non plus qu'on sépare l'instruction de l'éducation ; elle veut « qu'on encourage tous les établissements qui pour- « ront tendre à prévenir la corruption des mœurs et les « épurer. »

La ville de Bourges avait une université comprenant quatre facultés. La théologie avait huit docteurs et deux profes- seurs ; le droit, cinq professeurs et quatre docteurs agrégés ; la médecine avait sept professeurs ; enfin, la faculté des arts avait quatre professeurs et quatre agrégés. La noblesse du Berry semble préoccupée de la liberté, même exagérée, des doctrines : « Qu'on puisse publier tout ce qu'on croira néces- « saire de publier, pour l'instruction des citoyens... » Mais, aucun des optants ne désire se soustraire à l'autorité de l'Eglise.

« Qu'on reste assujéti, dit la noblesse du Berry, aux censures
« ecclésiastiques nécessaires pour le dogme seulement. »

Les cahiers d'Issoudun affirment que « les abus qui se sont
« glissés dans l'éducation publique exigent un nouveau ré-
« gime, qui doit particulièrement fixer l'attention des Etats
« généraux. »

L'Eglise métropolitaine de Bourges se plaint, comme tout
le clergé, du progrès des mauvaises doctrines qui n'était
que trop réel, et, comme remède, propose de veiller avec
soin à l'éducation de la jeunesse. « Le bon ordre des univer-
« sités, des collèges intéresse la nation entière ; c'est dans
« les corps enseignants et consacrés à l'éducation de la jeu-
« nesse que se forment les chrétiens fidèles. » Ils croient,
eux aussi, que les universités accordent trop facilement des
degrés, que les collèges auraient besoin de réformes ; mais
que cette besogne ne peut être confiée qu'à des personnes
aimant la religion.

Donc, un sentiment que tout n'est pas pour le mieux, une
espérance d'arriver à la perfection, le tout sans souffrance
réelle, et sans revendication violente : cela peint assez bien
l'état de l'instruction à cette époque. Le progrès croissant de
l'instruction, depuis le Moyen Age jusqu'à la fin du XVIIIe siècle,
était une garantie pour l'avenir. Et, dans tous les cas, le vœu
général, méconnu par la Révolution, est que la religion pré-
side avant tout à l'instruction.

Les vœux généraux du Tiers sont souvent ainsi conçus. Ici, un
tiers-état demande l'éducation perfectionnée, l'enseignement
confié à des maîtres bien choisis ; — un autre veut que les Etats
généraux prennent en considération l'éducation de la jeunesse,
objet le plus important et le plus négligé ; — un autre dit :
« On s'occupera de la réforme des abus subsistant dans les
« universités, et des moyens de perfectionner l'instruction
« publique » ; — un autre demande une réforme dans l'éducation nationale ; il ajoute : « Le gouvernement s'en est déjà
« occupé. » Mais au milieu de tous ces vœux, il est des cahiers
comme ceux d'Arles, par exemple, qui ne parlent pas d'instruction. A Auxerre, on demande que l'éducation de la jeunesse de tous les ordres soit prise en considération. Mais
dans tous ces vœux, n'y a-t-il rien de plus précis ? Voici
Auxerre, par exemple, qui parle d'un plan d'études fait par
des savants, lequel sera commun à tous les collèges et universités. Bien mieux, le tiers-état demande l'établissement d'écoles
gratuites dans toutes les campagnes.

La noblesse a aussi ses vœux généraux. Ici elle réclame le perfectionnement de l'éducation publique ; ici « que le régime « suivi dans l'instruction soit amélioré autant que possible » ; ici « qu'il soit avisé aux moyens de perfectionner l'éducation « publique », et elle se demande s'il ne serait pas avantageux de confier cette éducation à des réguliers.

Le clergé, lui, prend partout les choses de haut et à leur vrai point de vue, comme il convient à un corps qui a un droit surnaturel sur l'instruction, et qui, de fait, l'exerçait plus que tout autre. Il a ses vœux généraux et particuliers. Le clergé de Lectoure, par exemple, se plaint « des atteintes portées aux « principes, des attaques dirigées contre la religion. » Il demande qu'on prenne en considération le dépérissement de l'éducation de la jeunesse, et qu'on ne confie plus ce soin à des jeunes gens peu sérieux. Ailleurs, le clergé ne parle pas de l'instruction. Ailleurs, il reconnaît l'importance de l'éducation (on ne la séparait pas de l'instruction) pour former des citoyens, et demande qu'on confie ce soin tant au clergé séculier qu'aux réguliers.

Mais les vœux des trois ordres portent aussi sur des points tout à fait spéciaux. Les Picards étudient la question des finances, et demandent l'établissement d'une université dans la ville capitale de chaque province, ce qu'ils croient possible.

Beaucoup de cahiers prêchent pour leurs saints et réclament des avantages pour leur pays. La ville d'Agen demande l'agrégation de son collège royal à l'Université de Bordeaux. La même ville demande des encouragements pour une société littéraire qu'elle a fondée. La ville d'Auch demande une université pour elle, elle veut que toutes ses écoles soient publiques et ouvertes au collège royal.

Un point sur lequel les réclamations sont pressantes, c'est l'amélioration des études de médecine et de chirurgie. Les gens ont souci de leurs corps comme de leurs intelligences. On entend cette plainte un peu partout. Ceux-ci demandent des mesures efficaces pour encourager la médecine, et arrêter l'empirisme et l'art du charlatan. Ceux-là veulent qu'on ne soit pas reçu médecin sur de simples certificats, et qu'on empêche le premier venu de vendre des drogues. Le bailliage d'Amiens se plaint aussi de l'impéritie des chirurgiens, et demande l'établissement d'une école de médecine. Ailleurs, on veut que les statuts des chirurgiens soient réformés et leurs écoles surveillées.

De nos jours, si l'étude de la médecine a fait des progrès, l'art des charlatans n'a pas dépéri.

Il y a des pétitions pour demander l'unité de l'éducation civile et religieuse, pour réclamer qu'on confie l'instruction aux communautés religieuses. Les Enfants-Rouges de Paris demandent que ce soin soit confié tant au clergé qu'aux laïques.

Personne ne demande qu'on exclue la religion de l'école.

Enfin les cahiers traitent beaucoup de questions pratiques concernant les instituteurs, leur installation dans les hameaux, leur formation, leur destination, leur traitement, leur retraite, les encouragements à leur donner.

On a là une physionomie générale des cahiers, bien qu'ils offrent à explorer une surface aussi vaste que celle de toute la France.

Tels étaient les vœux du pays. Le gouvernement qui aurait voulu accomplir de sérieuses réformes pouvait en tenir compte. Il y avait là des indications. Il y avait à travers ces réclamations un sentiment de demi-satisfaction qui devait rassurer et encourager le zèle gouvernemental. Enfin, il y avait un ordre de choses existant, éprouvé par un long exercice, dont la force dominait les vœux des cahiers, et commandait le respect. Les institutions avaient été se développant ; il fallait, si le mouvement s'était ralenti, le renouveler, l'accélérer, ou plutôt l'encourager et le surveiller, car les évolutions régulières valent mieux que les révolutions. Il fallait s'attaquer doucement et fortement aux abus, avec cette persuasion que jamais institution ne va sans abus et que la perfection de la sagesse est de vouloir le mieux en toute chose, et de le poursuivre avec ténacité, mais sans acharnement, tenant également compte de la légitimité des vœux et de l'exagération des réclamations.

V

La Révolution fit pour l'instruction ce qu'elle avait fait pour le reste. Elle supprime tout, et voulut tout remplacer : sorte de table rase dans les faits, comme Descartes l'avait voulue dans les idées. 1789 était-il donc une date si privilégiée qu'on dût s'y permettre une destruction si hasardeuse ? Tous les siècles ne peuvent-ils pas avoir à leur tour la prétention de recommencer, et quel fléau serait-ce alors que cette révolution en permanence ?

La Révolution, issue d'un légitime besoin de réformes, et servie par beaucoup d'ignorance dont abusa bientôt la méchanceté, supprimant tout l'ancien ordre de l'instruction, se crut au moins tout d'abord obligée d'accorder à tous la liberté d'instruire. Mais bientôt, rééditant à son profit les prétentions de la royauté gallicane, et substituant son monopole impie à l'autorité divine de l'Eglise, elle entrava la liberté d'enseignement et créa l'Université. Elle renversa l'organisation de l'instruction par provinces, pour créer ce moule intellectuel, tenu par une main de fer. Elle avait elle-même détruit les corporations, les jurandes et les maîtrises. Elle aurait dû au moins, pour être conséquente à ses principes, laisser à chacun l'initiative de l'instruction. Mais la Révolution est essentiellement intolérante. Dès lors l'Université moula les esprits : elle ne put cependant mâter les esprits supérieurs par ses programmes et son enseignement. Mais ceux qui lui échappèrent, ne lui échappèrent que gâtés. Elle avait rempli son but, avoué ou non, et même ces indépendants du talent l'ont servie, puisqu'ils ne sont redevenus eux-mêmes que privés de la foi, et capables tout au plus d'ériger des systèmes spécieux et bizarres, tournant toujours dans le même cercle d'erreurs anciennes et nouvelles. Et quand, par hasard, un élève de l'Université est revenu à la foi, par quel coup de grâce, par quelle force de bon sens n'a-t-il pas dû le faire ? L'enseignement a donc été bel et bien déchristianisé. On a blessé ainsi les droits de l'Eglise et les vœux des cahiers. Aucun ne demandait le monopole, peu l'unité des programmes, aucun l'absence de la foi dans l'enseignement. Il fallut dès lors que l'Eglise, pourtant forte de son droit, luttât pour l'existence et la liberté de droit commun.

On a cherché d'abord à lui faire illusion, et une large place fut faite au clergé, pourvu qu'il se montrât gallican, dans l'Université naissante. Puis l'Université se montra définitivement ce qu'elle devait devenir, hostile à la foi, ouverte dans son enseignement supérieur à toutes les doctrines contradictoires, sous l'égide d'un monstrueux scepticisme, et vouée pour l'enseignement ordinaire à la platitude et à l'uniformité.

L'Eglise n'a pas abdiqué ; elle a continué la lutte et obtenu de gouvernements plus ou moins libéraux quelques concessions de liberté, qui n'étaient qu'un modeste minimum pour l'Eglise responsable de toutes les âmes.

Mais à mesure qu'elle a pu reprendre du terrain, la Révolution le lui a fait cruellement expier. A la loi de 1850, où une place était faite à la religion, ont succédé les folies de la laïcisation républicaine, et il faut maintenant que l'Eglise et les familles chrétiennes luttent avec une énergie et par des sacrifices incessants contre les déplorables effets de la loi scolaire 1882-84-86, qui a condamné à mort tout enseignement public religieux, a chassé Dieu de l'école, et a institué, sous le mot mensonger de *neutralité*, l'athéisme absolu de l'instruction primaire.

Et il ne lui a pas suffi de proscrire Dieu, elle a en même temps proscrit la famille de l'école et pratiqué sur l'enfance une main mise qui ne laisse aux parents aucune part d'intervention ou de surveillance. Le comte Albert de Mun, lors de la discussion de ces lois néfastes, tenta, par des amendements sur le droit des communes et la nomination des délégués scolaires, de rétablir ces principes sacrés. Sa voix fut étouffée par les sectaires du monopole universitaire.

Quoique la situation soit moins désolante en Allemagne et en Autriche qu'en France, la « neutralité » de l'école y a cependant inspiré aux catholiques un système qui, vu le malheur des temps et le principe moderne de la tolérance ou de la « liberté des cultes », aurait du moins pour effet, à la fois de préserver la foi des catholiques et d'assurer à toute la jeunesse une instruction religieuse. C'est le système de *l'école confessionnelle*, d'après lequel les enfants appartenant à des confessions diverses recevraient l'instruction religieuse propre à chaque confession et, là où la chose serait possible, des écoles distinctes seraient créées pour les enfants de chaque confession. C'est là ce que proposent M. le prince de Liechtenstein en Autriche, M. Windthorst en Prusse. C'est un desideratum que nous pourrions émettre en France et qui, bien que s'éloignant de la thèse catholique et du régime antérieur à 1789, constituerait cependant une grande amélioration au système de « neutralité » antichrétienne et athéïste que nous impose notre nouvelle législation scolaire.

Nous vivons aujourd'hui sous un régime de véritable persécution; il ne reste plus à la Révolution, pour accomplir sa tâche tyrannique, qu'à supprimer les congrégations enseignantes et à interdire les écoles libres, fondées et entretenues par l'initiative privée des catholiques, où l'enseignement religieux peut encore trouver place. Si le temps lui en est laissé, elle franchira sans aucun doute ce dernier pas, et « *l'unité morale* » dans l'immoralité et l'irréligion sera un fait accompli pour toute la jeunesse française.

En enlevant l'ouvrier à la corporation, en individualisant le travail, la Révolution a asservi le peuple et enfanté le paupérisme ; en arrachant l'enfant à la famille et à l'Eglise, elle en fait la chose de l'Etat, elle le déchristianise, elle le façonne et le pétrit à sa guise. C'est ainsi qu'au nom de la liberté et de l'égalité, elle passe son niveau sur toutes les têtes, et fait de l'Etat sans Dieu le maître et le régulateur unique de tout l'ordre social dans le domaine moral aussi bien que dans le domaine économique.

Conclusions.

L'Eglise, par la voix de ses Pontifes suprêmes, a, dans ces derniers temps, rappelé au monde les bases sur lesquelles devait s'appuyer l'instruction publique, et nous devons, avant de poser nos *desiderata*, reproduire le texte même de ses enseignements.

Voici, d'abord, ce que le grand Pape Pie IX disait dans son Encyclique *Quanta cura* du 8 décembre 1864 :

« Non contents de bannir la religion de la société, ces
« hommes veulent l'exclure de la famille. Enseignant et pro-
« fessant la funeste erreur du *communisme* et du *socialisme*,
« ils affirment « que la société domestique ou la famille em-
« prunte toute sa raison d'être du droit purement civil ; et en
« conséquence, que de la loi civile découlent et dépendent
« tous les droits des parents sur les enfants, surtout le droit
« d'instruction et d'éducation. » Pour ces hommes de men-
« songe, le but principal de ces maximes impies et de ces
« machinations est de soustraire complètement à la salutaire
« doctrine et à l'influence de l'Eglise l'instruction et l'éducation
« de la jeunesse, afin de souiller et de dépraver, par les erreurs
« les plus pernicieuses et par toutes sortes de vices, l'âme
« tendre et flexible des jeunes gens....... Voilà pourquoi le
« clergé séculier et régulier, malgré les plus illustres témoi-
« gnages rendus par l'histoire à ses immenses services dans
« l'ordre religieux, civil et littéraire, est de leur part l'objet des
« plus atroces persécutions ; et pourquoi ils disent que « le
« clergé étant ennemi des lumières, de la civilisation et du
« progrès, il faut lui ôter l'instruction et l'éducation de la jeu-
« nesse. »

Voici, en second lieu, les erreurs que, dans le *Syllabus* du 8 décembre 1864, Pie IX a solennellement condamnées, et dont la contre-partie forme l'enseignement de l'Eglise, auquel doit se conformer toute législation scolaire :

« XLV. Toute la direction des écoles publiques dans les-

« quelles la jeunesse d'un Etat chrétien est élevée, si l'on en
« excepte dans une certaine mesure les séminaires épiscopaux,
« peut et doit être attribuée à l'autorité civile, et cela de telle
« manière qu'il ne soit reconnu à aucune autre autorité le droit
« de s'immiscer dans la discipline des écoles, dans le régime
« des études, dans la collation des grades, dans le choix ou
« l'approbation des maîtres.

« XLVII. La bonne constitution de la société civile demande
« que les écoles populaires, qui sont ouvertes à tous les enfants
« de chaque classe du peuple, et en général que les institutions
« publiques destinées aux lettres, à une instruction supérieure
« et à une éducation plus élevée de la jeunesse, soient affran-
« chies de toute autorité de l'Eglise, de toute influence modéra-
« trice et de toute ingérence de sa part, et qu'elles soient plei-
« nement soumises à la volonté de l'autorité civile et politique,
« suivant le désir des gouvernants et le niveau des opinions
« générales de l'époque.

« XLVIII. Des catholiques peuvent approuver un système
« d'éducation en dehors de la foi catholique et de l'autorité de
« l'Eglise et qui n'ait pour but, ou du moins pour but principal,
« que la connaissance des choses purement naturelles et la vie
« sociale sur cette terre. »

Ces principes posés, voici nos *desiderata* :

I. *Rôle de l'autorité publique.*

PROPOSITIONS. — En cas d'insuffisance des écoles de tout
degré relevant de l'Eglise, des corporations ou des pères de
famille, l'autorité publique, c'est-à-dire l'Etat, la province ou
la commune, doit pourvoir à l'enseignement nécessaire.

Elle y pourvoira autant que possible par des corporations
plus ou moins indépendantes.

Dans la mesure du possible, la dépense d'un enseignement
public sera supportée par ceux qui en profitent — sauf la gratuité de l'enseignement primaire pour les pauvres.

En principe l'Etat n'entreprendra pas ce qui pourra être fait
par la province, et la province n'entreprendra que ce qui
ne pourra être fait par la commune.

Le droit d'enseignement appartient particulièrement à l'Etat
lorsque les écoles libres seront insuffisantes ou inaptes à
pourvoir aux services publics. — Ce qui implique notamment,
pour l'Etat, la faculté de se réserver le monopole de l'enseignement technique spécial pour les armées de terre et de mer.

II. *Surveillance.*

QUESTION. — L'autorité publique peut-elle ou doit-elle entretenir des écoles confessionnelles ?

PROPOSITION. — Dans les écoles publiques qui seraient mixtes ou neutres, comme la nation française est catholique, aucun obstacle ne doit être apporté à ce que l'Église y exerce la surveillance qui lui appartient et son droit d'y donner l'instruction religieuse.

QUESTION. — Les pères de famille doivent-ils être admis à la surveillance religieuse et pédagogique des écoles ? de quelle manière ? dans quelle mesure ?

PROPOSITION. — La surveillance de l'autorité publique dans les écoles libres ne pourra jamais porter sur la direction de l'école ni sur les méthodes d'enseignement.

QUESTION. — Est-il bon de maintenir les inspecteurs de l'autorité publique ?

III. *Exigence et collation des grades.*

La réponse dépend de la solution qui sera donnée à deux questions : celle de l'accession aux fonctions publiques — celle de la liberté des professions.

PROPOSITION. — *A.* Chaque administration publique a le droit d'exiger des grades et d'organiser des concours ; mais il serait contraire au droit des pères de famille d'imposer que l'instruction aura été donnée dans tel établissement privilégié, ou n'aura pas été donnée dans tel autre.

QUESTION. — *B.* Quelles sont les professions pour lesquelles la Société peut exiger la garantie d'un grade ou la justification d'un stage ? Quid s'il existe des corporations ?

QUESTION. — *C.* Comment seraient conférés les grades habilitant aux fonctions publiques et aux professions réservées ? Le Jury mixte a-t-il donné de bons résultats ?

PROPOSITION. — En aucun cas, le monopole de l'examen ne pourrait être attribué aux professeurs ou inspecteurs publics ni à une corporation privilégiée.

QUESTION. — Les examinateurs ne devraient-ils pas appartenir autant à la profession qu'à l'enseignement, surtout lorsqu'il s'agira d'accorder le dernier grade, celui qui confère le droit d'exercer la fonction publique ou la profession réservée ?

PROPOSITION. — *D.* De ce que la société a le droit, pour

l'accession aux fonctions publiques et pour l'exercice des professions réservées, d'exiger certains grades, il résulte que l'autorité publique doit fixer les matières sur lesquelles portera l'examen qui confère les dits grades.

PROPOSITION. — *E.* Tout établissement d'instruction doit avoir la faculté de délivrer à ses élèves, sans contrôle de l'autorité publique, des certificats et qualifications, qui ne conféreront aux titulaires ni l'accès aux fonctions publiques, ni l'exercice des professions réservées.

IV. *Les Bourses.*

QUESTIONS. — L'Institution des bourses publiques doit-elle être conservée ?

N'est-il pas préférable que, sans aucune intervention publique de l'ordre scolaire, chaque administration, dans une mesure à déterminer, ait la faculté d'accorder aux familles, qui y auraient des titres, une somme annuelle pour l'éducation et l'instruction des enfants, somme dont la disposition serait laissée à la famille ?

PROPOSITION. — Si le système des bourses proprement dites était maintenu, deux règles devraient être observées : *A.* La famille aurait le choix absolu de l'établissement. *B.* Si une surveillance était jugée nécessaire — ce qui reste discutable — elle serait exercée par la magistrature du ressort.

1° L'enseignement n'est, à aucun de ses degrés, une attribution normale de l'autorité publique.

2° Il ne doit être apporté aucune entrave à l'exercice des droits de l'Église et des pères de famille en matière d'éducation et d'instruction.

D. B.

Bar-le-Duc — Typ. de l'Œuvre de Saint-Paul, Schorderet et Cⁱᵉ — 830

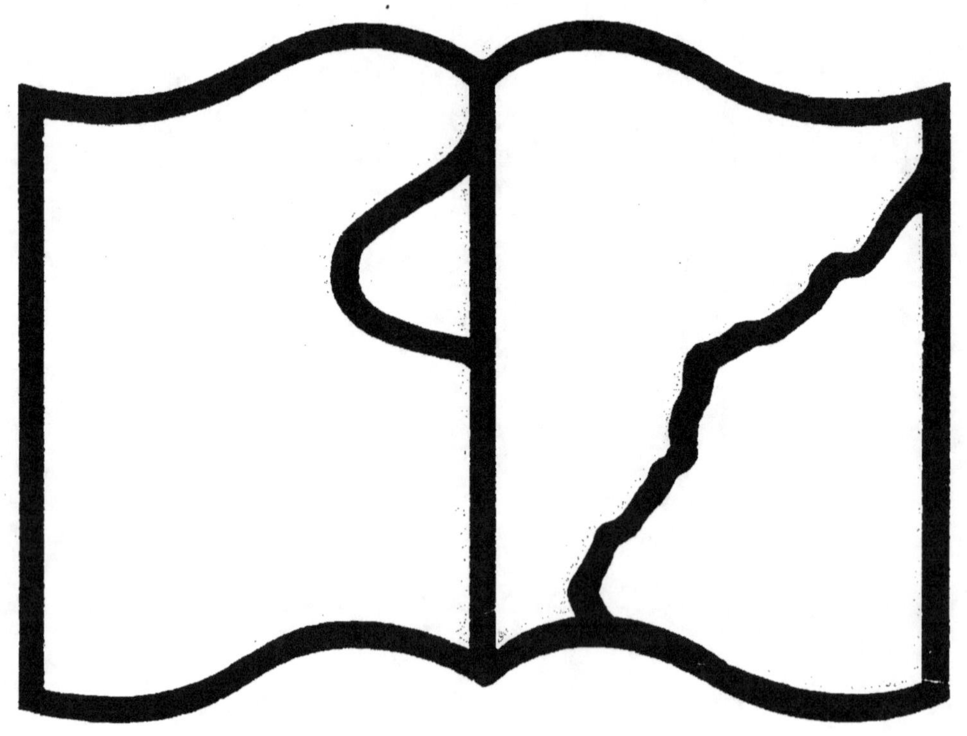

Texte détérioré — reliure défectueuse

NF Z 43-120-11